Diálogos com a família sobre uso, abuso e dependência de drogas

Desafio dos pais

COLEÇÃO **DIÁLOGOS SOBRE DROGAS**

Diálogos com a família sobre uso, abuso e dependência de drogas

Desafio dos pais

Eroy Aparecida da Silva
Ana Regina Noto
Denise De Micheli
Beatriz Marra Vaz de Camargo

Casa do Psicólogo®
uma empresa PEARSON

1ª Reimpressão: 2015

Editor: Ingo Bernd Güntert
Gerente Editorial: Fabio Melo
Coordenadora Editorial: Marcela Roncalli
Assistente Editorial: Cíntia de Paula
Produção Editorial e Capa: Casa de Ideias

Dados Internacionais de Catalogação na Publicação (CIP)
Angélica Ilacqua CRB-8/7057

Diálogos com a família sobre uso, abuso e dependência de drogas / Eroy Aparecida da Silva...[et al.]. - São Paulo : Casa do Psicólogo, 2015. (Coleção Diálogos sobre drogas)

1ª reimpressão da 1ª edição de 2013
ISBN 978-85-8040-272-8

1. Drogas - prevenção 3. Família - diálogo 4. Psicologia I. Silva, Eroy Aparecida da II. Noto, Ana Regina III. De Micheli, Denise IV. Camargo, Beatriz Marra Vaz de V. Série

13-0008 CDD 616.89156

Índices para catálogo sistemático:
1. Drogas – abuso e prevenção

Impresso no Brasil
Printed in Brazil

Casapsi Livraria e Editora Ltda.
Avenida Francisco Matarazzo, 1500 - Conjunto 51
Edifício New York - Centro Empresarial Água Branca
Barra Funda - São Paulo/SP - CEP 05001-100
Tel. Fax: (11) 3672-1240
www.casadopsicologo.com.br

Sumário

Palavras iniciais

Esta publicação é destinada a famílias de todas as classes sociais, especialmente aos pais de crianças e adolescentes interessados em compreender algumas informações sobre o papel da família diante do uso e abuso de drogas psicotrópicas.

Serão abordados temas sobre as mudanças na família, os desafios dos pais com relação ao uso de drogas, as drogas mais consumidas pelos jovens no Brasil, o uso de drogas e os meios de comunicação, bem como o papel da família na prevenção ao uso de drogas. Os conteúdos abordados visam facilitar o diálogo entre pais e filhos.

No fim do livro, poderão ser encontradas várias indicações úteis de filmes, livros e serviços de utilidade pública pelos quais os pais poderão obter mais orientações, de acordo com seus interesses e necessidades.

Nosso objetivo é informação e sensibilização!
Boa leitura!

As autoras.

Mudanças na família atual

A família brasileira está em fase de mudanças na sua organização tradicional – pai, mãe e filhos vivendo sob o mesmo teto. Muitas mulheres passaram a trabalhar fora de casa, pais passaram a participar mais da educação dos filhos e das tarefas da casa, cresceu o número de separações e de parceiros vivendo juntos sem se casar, assim como de mulheres sozinhas cuidando dos filhos.

Outras questões dos dias de hoje também trouxeram para a família, especialmente para os pais, muitos desafios: lidar com as ansiedades e medos diante da violência dentro e fora de casa, estresse em relação ao desemprego, à pobreza, à sobrecarga de trabalho, às doenças sexualmente transmissíveis e ao uso e abuso das drogas legais (lícitas) e ilegais (ilícitas).

É fácil a tarefa dos pais hoje? Não. Os pais lutam com os problemas do dia a dia. Entretanto, algumas pesquisas no Brasil mostram que a família, independente de haver casamento, é o que o brasileiro mais valoriza. Ultimamente aumentou a quantidade de separações, mas também aumentou o número de pessoas vivendo juntas e formando suas famílias. Os parceiros devem levar em consideração seus próprios valores para criar seus filhos, não se deixando influenciar o tempo todo pelo que veem na televisão, ou na "casa do vizinho".

É comum, diante de alguns problemas que ocorrem, principalmente envolvendo adolescentes em conflito com a lei, comentários negativos sobre a família e os pais: "a família é desestruturada", "isso é falta de pai", "a culpada disso tudo é a família", a família está "acabando". Essas opiniões não raro são formadas porque as pessoas tendem a reduzir os problemas geralmente de solução difícil a algo que tenha apenas "uma causa". Em várias ocasiões, problemas como delinquência, pertencimento a gangues, participação em atos violentos estão relacionados não apenas ao funcionamento familiar frágil, mas também à falta de políticas públicas que acolham tanto a família como a criança e o adolescente.

A família não está acabando, está passando por muitas mudanças.

As fases de mudança trazem, de um lado, crises e dificuldades e, de outro, oportunidades de fazer diferente. O que é um problema hoje pode deixar de sê-lo um tempo depois.

Substituindo a culpa pela competência familiar

Parte da cultura brasileira foi, durante muito tempo, baseada na culpa, no reforço negativo, no erro, mais do que na competência, no acerto, na possibilidade. Essa visão influenciou algumas crenças, que duraram muitos anos, de que os "pais são os responsáveis pelos fracassos dos filhos" e contribuiu para a baixa autoestima tanto dos pais como das crianças e adolescentes, principalmente os mais pobres.

É importante esclarecer que, mais do que insistir "na falta", "na dificuldade", "no erro", é necessário acreditar no poder transformador das pessoas e também na capacidade dos pais de resolver problemas e descobrir tudo aquilo que eles sabem, mas que muitas vezes não acreditam que sabem, porque estão confusos com seus papéis e pressionados pelo imediatismo e pelo consumismo. A tarefa básica dos pais é cuidar. E a maior parte deles se importa com seus filhos e quer uma vida adequada para eles, embora várias dificuldades do dia a dia possam atrapalhar suas intenções. Apesar disso, os pais, de modo geral, ainda se sentem culpados pela forma como cuidam de seus filhos. Entretanto, eles podem aprender a substituir a culpa por responsabilidade e competência. Isso muitas vezes é confuso para os pais, pois eles imaginam que, se são responsáveis, então, também são culpados. Não, os pais podem ser responsáveis sem sentir culpa. Pais responsáveis são aqueles capazes de assumir seus próprios atos como cuidadores. Pais competentes são aqueles que, frente às dificuldades, buscam alternativas para continuar seguindo adiante, enfrentando os desafios de ser pais atualmente. Isso não significa "saber fazer tudo" ou "acertar ou errar sempre".

Culpa = Conduta imprudente, sem propósito de lesar, mas da qual proveio dano ou ofensa a alguém.
Responsabilidade = Situação consciente com relação aos atos praticados.
Competência = Habilidade, capacidade de resolver as coisas.

A família precisa de conforto, de solidariedade e de vida comunitária, muitas vezes dificultada devido a seu isolamento, culpa e exclusão social, que prejudicam sua criatividade e autoestima. Os pais podem ser responsáveis pelas famílias que constroem, dentro de suas possibilidades e também por meio da participação coletiva.

É a partir dessa visão que convidamos os pais a refletir sobre os vários desafios que enfrentam na vida familiar, dentre eles o uso de drogas.

Família e uso de drogas – desafios dos pais

O uso e abuso de drogas é um tema que em geral preocupa os pais e suas reações são variadas ao tratar desse assunto. Existem desde os medos de pais de crianças e jovens que nunca fizeram uso de drogas até sentimentos de raiva, insegurança, estresse e impotência de pais que já convivem com o abuso ou a dependência em casa. São comuns nos depoimentos de pais cujos filhos estão envolvidos no tráfico de drogas sentimentos perturbadores de medo, cansaço, culpa.

Muitas vezes, a imagem que surge na cabeça dos pais ao pensar sobre drogas é aquela relacionada às ilegais, como: cocaína, *crack*, maconha, heroína. No entanto, as drogas de maior consumo (tanto entre adultos como entre adolescentes) no Brasil são as legais, ou seja, aquelas vendidas livremente, como as bebidas alcoólicas, o cigarro, muitos medicamentos, alguns solventes (como cola de sapateiro, acetona, tíner), entre outras.

Para discutir esse assunto de maneira clara e sincera é necessário ampliar a nossa compreensão para muito além da droga, observando a pessoa como um todo e o meio em que ela vive. Dessa forma, é no ambiente familiar que a prevenção tem início. Preocupações frequentes dos pais com relação às consequências do abuso e da dependência de drogas, quando devidamente discutidas, podem auxiliar na construção de programas de ações comunitárias visando a prevenção.

Uso, abuso ou dependência de drogas. Existe diferença!

Muitas pessoas confundem essas situações e acreditam que o uso de drogas é sempre um “vício”, que é uma “ida sem volta” ou “o fundo do poço”. No entanto, existem diferenças entre uso, abuso e dependência, as quais, quando reconhecidas, podem auxiliar muito na maneira como conversamos com nossos filhos ou como lidamos com algumas dessas eventuais situações em nossa família.

O conceito de “vício” está relacionado a uma visão antiga, ultrapassada e moralista de se referir ao que hoje é compreendido como

DEPENDÊNCIA DE DROGAS, ou seja, um vínculo desequilibrado e problemático que as pessoas estabelecem com uma ou mais drogas psicotrópicas, tanto lícitas (legais) quanto ilícitas (ilegais).

Usar drogas é um comportamento que pode ocorrer em uma única situação ao longo da vida ou pode ficar restrito a situações casuais. É dessa maneira que muitas pessoas consomem bebidas alcoólicas, como cerveja, vinho ou caipirinha.

Porém, o consumo exagerado pode causar vários problemas, por exemplo, acidentar-se por ter dirigido embriagado ou envolver-se em brigas. Também podem ocorrer problemas que envolvam a família ou escola, como faltar à aula por causa de uma ressaca. Essas situações exemplificam o que é o abuso de drogas.

A dependência, muitas vezes conhecida popularmente de maneira equivocada como "vício", é um quadro diferente que acontece quando a pessoa repete continuamente o uso ao longo de um período prolongado. As pessoas dependentes apresentam dificuldade para parar de usar a droga, mesmo quando esse uso começa a afetar seriamente seus relacionamentos familiares e escolares. Usar a droga ganha uma importância grande, e o dependente pode ir deixando de lado atividades que antes eram tidas como prazerosas. Isso pode ocorrer com o uso prolongado de diversas drogas, como bebidas alcoólicas, cigarro, maconha e medicamentos para controlar ansiedade ou emagrecer. O risco de desenvolver dependência varia de uma droga para outra, por exemplo: a cocaína e o *crack* são drogas que apresentam maiores chances de dependência.

A dependência de drogas tem várias causas

O abuso ou dependência de drogas está presente em pessoas de todas as classes sociais, tem várias causas e afeta tanto o usuário como sua família. Condições de vida difíceis, pobreza, abandono, violência, desemprego, sentimentos de abandono, desamparo, solidão, ansiedade, baixa autoestima e exclusão social são algumas situações de risco para o uso problemático de drogas (tanto legais como ilegais), porém isso não tem uma relação direta de causa e efeito.

Vários estudos apontam que adolescentes dependentes de drogas cujos pais participam do tratamento apresentam melhores resultados.

Dependentes de drogas adultos também melhoram quando suas famílias são incluídas no tratamento. No entanto, no Brasil, ainda são poucos os locais que atendem os usuários de drogas junto com suas famílias. É necessário que as políticas públicas voltadas para a atenção de pessoas com problemas de drogas envolvam mais as práticas familiares, grupais e comunitárias.

O envolvimento da comunidade é muito importante na construção de políticas públicas relacionadas ao abuso de álcool e outras drogas, nas quais este tema possa ser tratado sem julgamentos morais, e tanto o usuário quanto sua família possam receber atenção e respeito.

Lembrete: Embora o abuso e a dependência de drogas tenha aumentado no mundo todo, a maioria das pessoas não usa drogas de maneira problemática.

As drogas mais usadas pelos adolescentes brasileiros

No Brasil, o álcool e o cigarro são as drogas mais usadas pelos adolescentes brasileiros. O consumo de *bebidas alcoólicas* é aceito e valorizado em várias situações sociais do mundo adulto, muitas das quais contam com a presença de crianças e adolescentes. Essas situações podem ser utilizadas como tema para o início de uma conversa sobre as diferenças entre as faixas etárias e as formas de beber, uma vez que a curiosidade e o fácil acesso podem favorecer o início do uso na infância ou na adolescência.

A convivência com amigos também pode facilitar o uso de bebidas, principalmente entre adolescentes a partir dos 13 anos, até aproximadamente 22 anos. O consumo, especialmente de cerveja, é visto, em muitos grupos, como um comportamento comum e desejado. Os jovens tendem a diminuir a maneira pela qual percebem os riscos e, muitas vezes, ficam mais expostos a brigas e acidentes, especialmente no trânsito. Lidar com essas situações tem sido um dos grandes desafios para os pais. Nesses momentos, ter regras claras e negociar limites é importante.

Tabela 1: Uso recente de drogas (no último mês) entre 50.890 estudantes de escolas públicas e privadas do nível fundamental ao médio em 27 capitais brasileiras

Tipo de droga	Porcentagem (%)
Bebidas alcoólicas	21,1
Cigarro (tabaco)	5,5
Solventes	2,2
Maconha	2,0
Ansiolíticos (remédios para controlar a ansiedade)	1,3
Anfetaminas (remédios para emagrecer ou ficar sem dormir)	0,9
Cocaína	1,0
Crack	0,3

Fonte: Centro Brasileiro de Informações sobre Drogas Psicotrópicas – CEBRID (2011).

Com relação ao *cigarro (tabaco)*, o consumo também pode ser um comportamento relativamente comum entre os adolescentes. No entanto, apesar de o álcool e o tabaco serem as drogas mais comuns, a maior parte dos jovens não fuma e mantém consumo esporádico de bebidas alcoólicas.

Assim como acontece na maior parte dos países, a maconha, a cocaína, entre outras drogas ilícitas, representam os maiores temores dos pais. Além disso, novas drogas e formas de uso surgiram nos últimos anos, como o uso de *ecstasy* em festas *rave*. Apesar de ter crescido o número de jovens que já usou drogas ilegais, a maioria atravessa a adolescência sem ter experimentado nenhuma dessas drogas.

Outras drogas, apesar de consumidas por muitos jovens, passam praticamente "invisíveis" aos olhos das famílias. Esse grupo engloba os solventes (lança-perfume, cheirinho da loló, cola de sapateiro, acetona, esmalte, tíner etc.) e vários medicamentos usados para diminuir a ansiedade ou "nervoso" (Diazepam®, Lexotan®, Lorax®, entre outros de venda controlada – "tarja preta").

O uso indevido de medicamentos tem sido observado principalmente entre as meninas, sendo que a maioria diz conseguir o medicamento em casa. A indicação de medicamentos deve ser apenas por orientação médica e, dessa forma, é importante que os pais observem essas questões em seu domicílio. A valorização da magreza, realçada principalmente pelas meninas, merece ser revista e, se possível, substituída pela valorização de outros aspectos da vida além da beleza física. O incentivo ao esporte, às práticas artísticas ou outras atividades que valorizem a autoestima da criança e do adolescente como um todo também pode auxiliar a família nas práticas educativas.

A adequada compreensão do uso de drogas na atualidade deve levar em consideração a relação do usuário com sua família, com seu grupo social/comunitário.

Pensando junto com familiares e pais sobre o uso de drogas

Atenção na informação: os meios de comunicação e as drogas

O uso de drogas é uma questão que gera várias contradições nos meios de comunicação (jornais, revistas, televisão) – por exemplo, em relação ao fato de as drogas serem permitidas ou proibidas. De um lado, recebemos uma série de informações sobre a violência relacionada ao tráfico e sobre os "perigos das drogas". Por outro, assistimos às belíssimas propagandas de cerveja na televisão.

É sabido que as bebidas alcoólicas, quando usadas de forma exagerada, causam muitos problemas de saúde, acidentes de trânsito, violência em casa e dependência. O tabaco (cigarro), os solventes e os medicamentos psicotrópicos também são usados de forma abusiva pelos jovens. Entretanto, se você prestar atenção nas notícias veiculadas sobre drogas nos jornais, os destaques são muito mais para os problemas relacionados às drogas ilegais (proibidas), como tráfico de maconha e cocaína. É possível observar também manchetes de conteúdo exagerado relacionadas às drogas ilegais do tipo: "A falência da recuperação de drogados". Essas matérias sensacionalistas costumam ter como objetivo chamar a atenção para estimular a venda do jornal ou revista, mas muitas vezes estão distantes da realidade.

Diante dessas incoerências ou exageros, é interessante que os pais busquem outras fontes de informação (como as sugeridas ao final desta publicação), ou mesmo que avaliem de forma crítica as mensagens divulgadas nos meio de comunicação. Esse tema pode gerar uma conversa interessante com seus filhos.

Lembrete: Os pais devem aproveitar as oportunidades do dia a dia para conversar com os filhos sobre os desafios de viver em grupo. Mas atenção: conversa não é um monólogo em que apenas um fala. Diálogo são duas pessoas conversando, em que uma ouve a outra, uma fala e a outra escuta, e vice-versa.

A prevenção na família pode começar cedo

A prevenção começa na infância com as questões aparentemente mais simples do dia a dia dos pais, da criança e da família como um todo. A valorização de hábitos saudáveis pode ser um bom começo: a alimentação, o cuidado com o corpo, a utilização adequada de medicação (com orientação de um profissional de saúde), entre outros. Além disso, os comportamentos dos pais são modelo para os filhos e, dessa forma, é importante observar os hábitos, o consumo excessivo de bebidas alcoólicas, cigarros, medicamentos, bem como a forma de lidar com as dificuldades e com a ansiedade na própria família.

A prevenção também acontece por meio de todo o processo de convivência nos mais diferentes aspectos: afeto, conversas sinceras, aprender a dizer sim e não na hora necessária. Mas atenção: tanto o excesso como a falta pode ser prejudicial à saúde. Busque o equilíbrio mesmo frente à dificuldade!

Dialogar e valorizar seus filhos e demonstrar suas emoções são atitudes que não custam dinheiro e são possíveis para todos os pais.

Se por um lado o ideal seja pensar sobre prevenção desde a infância, é fundamental que os pais percebam que nunca é tarde demais. É possível modificar sentimentos e comportamentos em qualquer fase da vida.

Quando os pais não se sentem preparados para lidar com o assunto

Muitos pais relatam seus receios em comentar sobre o uso de drogas em casa, principalmente com crianças e adolescentes, por considerar que estão pouco preparados para lidar com a questão ou por acreditarem que se falarem sobre o assunto despertarão curiosidade. Vale esclarecer que, atualmente, o tema drogas está presente em muitas situações da vida da criança e do adolescente por meio do noticiário no jornal, televisão, internet etc. Assim, se os pais se preparam para tratar da questão em casa, isso certamente auxiliará na orientação da criança ou do adolescente sem alarmismo ou exageros. A forma de lidar com o assunto, dependendo da idade, é fundamental, pois algumas maneiras de fazer isso têm se mostrado pouco produtivas – por exemplo, discursos exageradamente moralistas, amedrontamento ou procura de "pistas de uso" para "desmascarar" o usuário. Esses comportamentos tendem a afastar as pessoas do diálogo e criam um clima de desconfiança que em nada colabora.

É importante saber que existem outras formas de abordar a questão, por exemplo, conversando sobre o assunto dentro de um clima de confiança e respeito dos dois lados, ouvindo antes de falar, considerando a idade e acreditando nas suas próprias competências e responsabilidades como pais. Uma relação de confiança e diálogo aberto não se estabelecem da noite para o dia, mas podem ser construídos ao longo da convivência.

Se após várias tentativas de diálogo o problema continuar, será necessário buscar auxílio nos centros especializados, com profissionais preparados para orientar a família. Livros e textos de qualidade também podem ser consultados. Ainda que os profissionais e os livros possam transmitir informações e orientações, não existem "saídas mágicas", mas as pessoas da família também podem colaborar muito.

> *Lembrete:* Todas as famílias e todos os pais podem ser competentes!

Quando os pais apresentam problemas relacionados a seu consumo de drogas

Embora nem todas as pessoas que usam drogas sejam dependentes, várias podem começar a viver problemas na escola, no trabalho ou em casa por causa dela. É possível que ocorram mudanças de humor, de qualidade de sono, problemas físicos, entre outros visíveis principalmente dentro de casa. Pode acontecer também de o usuário ter dificuldade em perceber esses problemas ou, em alguns casos, perceba, mas tenha dificuldade de mudar seu comportamento. Isso é provável tanto com a dependência de drogas ilegais como com as legais, principalmente o álcool e o cigarro.

É comum a preocupação dos pais que são fumantes sobre que atitudes tomar frente aos filhos em relação ao cigarro. Os pais, muitas vezes, relatam o desconforto que sentem quando são abordados pelos filhos, geralmente crianças, demonstrando a desaprovação em relação ao consumo do cigarro. É importante valorizar a opinião da criança e dizer a ela o quanto é difícil parar de fumar depois de ter desenvolvido a dependência, mas que concorda com opinião dela de que o cigarro traz prejuízos e que está empenhado em ouvi-la.

É comum também queixas de crianças e adolescentes sobre os sentimentos desagradáveis que enfrentam quando um dos pais, ou ambos, faz uso exagerado de bebidas. É fundamental que essas crianças sejam escutadas e orientadas em relação a isso. Não deve ser deixada de lado a possibilidade de incluir outras pessoas significativas na vida da criança (tios, avós, vizinhos etc.) para auxiliar no alívio da ansiedade infantil.

É possível ainda encontrar pais que consideram o uso de drogas "normal" e deixam de lado uma questão que poderia e deveria ser cuidada – até porque também fazem uso de drogas, muitas vezes na frente ou na companhia dos filhos.

> *Lembrete:* Seus filhos aprendem por observação. Caso você faça consumo de drogas, evite fazê-lo na presença deles.

O uso exagerado de drogas por uma pessoa da família, de maneira geral, afeta também os outros membros, porém algumas atitudes podem ser pouco produtivas, como a busca de "culpados", o confronto, a utilização de "rótulos", como "drogado", "bêbado", "maconheiro" etc., ou a tentativa de assumir o controle da vida do usuário adulto a qualquer custo.

A busca de "culpados" ou o uso de "rótulos" pode ser substituído por atitudes que de alguma maneira auxiliem o enfrentamento do problema. Muitas vezes, o usuário está colocando em risco coisas importantes na vida com o consumo da droga, mas não consegue perceber e nega o problema. Nesses momentos é comum surgir sentimentos de raiva ou impotência na família, contudo, eles podem ser transformados em tentativa de buscar ajuda em centros especializados, com pessoas de referência na sua comunidade, ou ainda de trocar experiências com indivíduos que estão vivendo ou viveram situações semelhantes.

> *Lembrete:* Uso de drogas em casa? A família pode fazer parte da solução desse problema.

Não se isole, busque ajuda. Os pais não estão sozinhos.

> Todo grande problema começa pequeno. Portanto, frente a uma suspeita do uso de drogas por seus filhos, procure orientação.

Se seu filho ou alguém da sua família está apresentando algum problema relacionado ao uso de drogas, sejam legais, sejam ilegais, tome coragem, busque orientação na sua comunidade ou em algum serviço de saúde da região onde você mora. Procure um agente comunitário de saúde, ou mesmo o conselho tutelar, que possa orientá-lo. No fim desta obra, você encontrará indicação de filmes, livros e locais onde poderá obter mais informações sobre o uso, abuso e dependência de drogas.

Após terminar a leitura, liste abaixo algumas questões importantes para você encontradas neste livreto.

____

____

Referências

CEBRID (Centro Brasileiro de Informações sobre Drogas). IV Levantamento Nacional sobre o consumo de drogas psicotrópicas entre estudantes de ensino fundamental e médio das redes pública e privada de ensino nas 27 capitais brasileiras. SENAD – Secretaria Nacional de Políticas sobre Drogas, 2011.

Silva, E. A. et al. (2006). Drogas na Adolescência: Temor e reações dos pais. *Revista Psicologia Teoria e Prática*. Universidade Mackenzie, v. 8. n. 1, p. 41-63.

Silva, E. A., De Micheli, D. (2010) *Adolescência uso e abuso de drogas*: uma visão integrativa. São Paulo: Editora FAP-Unifesp.

Silveira, P. S.; Silva, E. A. (2013) Família, sociedade e uso de drogas: prevenção, inclusão social e tratamento familiar. In Telmo Mota Ronzani (Org.) *Ações integradas sobre drogas*: prevenção, abordagens e políticas públicas. Juiz de Fora: Editora UFJF, p. 208-222.

Para saber mais

Filmes sobre o tema

- *Trainspotting*
- *Traffic*
- *Maria cheia de graça*
- *O barato de Grace*
- *As melhores coisas do mundo*

Livros sobre o assunto

- *Doces venenos* – conversas e desconversas sobre drogas. Autora: Lídia Rosenberg Aratangy.
- *Liberdade é poder escolher*. Autoras: Maria de Lurdes Zemel e Maria Elisa De Lamboy.

- *Drogas:* mitos e verdades. Autora: Beatriz Carlini Cotrim.
- *Coleção satisfaçam minha curiosidade*. Autora: Susana Leote.

  Títulos:

  - *As drogas*
  - *A aids*
  - *As religiões*
  - *A sexualidade*
- *Adolescência, uso e abuso de drogas* – uma visão integrativa. Autoras: Eroy Aparecida da Silva e Denise De Micheli.

Endereço e telefone úteis

- SENAD – Secretaria Nacional de Políticas Públicas sobre Drogas:
  Esplanada dos Ministérios
  Bloco T, Anexo II – 2º andar, sala 213
  http://portal.mj.gov.br/senad/

- Viva Voz (informações sobre drogas via telefone): 132 (ligação gratuita para todo o Brasil).

Sobre as autoras

Eroy Aparecida da Silva

Psicóloga, Psicoterapeuta Familiar, Pesquisadora na Área de Álcool e Outras Drogas, Disciplina Medicina e Sociologia do Abuso de Drogas, Doutora em Ciências – Departamento de Psicobiologia, Universidade Federal de São Paulo (Unifesp).

E-mail: eroyntc@gmail.com

Ana Regina Noto

Psicóloga, Coordenadora do Nepsis (Núcleo de Pesquisa sobre Saúde & Uso de Substâncias) e Professora do Departamento de Psicobiologia – Escola Paulista de Medicina – Universidade Federal de São Paulo (Unifesp).

E-mail: anareginanoto@gmail.com

DENISE DE MICHELI

Psicóloga, Professora Adjunta da Disciplina de Medicina e Sociologia do Abuso de Drogas (Dimesad), Coordenadora do Ciensea (Centro Interdisciplinar de Estudos em Neurociência, Saúde e Educação na Adolescência) – Departamento de Psicobiologia – Universidade Federal de São Paulo (Unifesp).

E-mail: demicheli_unifesp@hotmail.com

BEATRIZ MARRA VAZ DE CAMARGO

Psicóloga, Terapeuta de Casais e Famílias, Especialista no Tratamento da Dependência e Abuso de Drogas.

E-mail: biamar318@yahoo.com.br